AF724229

OBJECTIONS

POLITIQUES ET POLÉMIQUES

AUX

OPINIONS DIVERSES

ET PEU LÉGITIMISTES

DE M. DE CHATEAUBRIAND.

IMPRIMERIE DE DEMONVILLE,
RUE CHRISTINE, N° 2.

OBJECTIONS

POLITIQUES ET POLÉMIQUES

AUX

OPINIONS DIVERSES

ET PEU LÉGITIMISTES

DE M. DE CHATEAUBRIAND;

PAR BOUCHER DE COURSON.

> Il est bien aisé d'engendrer à un peuple le mépris de ses anciennes observances ; mais d'y rétablir un meilleur Etat à la place de celui qu'on a ruiné, à ceci plusieurs se sont morfondus.
>
> *Essai de M. Montaigne*, liv. II, ch. 17.

BIBLIOTHÈQUE ROYALE

PRIX : 2 fr. 50 c.

A PARIS,
CHEZ DEMONVILLE, IMPRIMEUR-LIBRAIRE,
RUE CHRISTINE, N° 2.
ET CHEZ LES PRINCIPAUX LIBRAIRES.

1831.

AVANT-PROPOS

CARACTÉRISTIQUE.

L'Écrit, qu'en notre qualité de franc légitimiste, nous nous faisons un devoir d'attaquer, fournit dès sa première page motif à une réflexion qui aide à caractériser le système de l'écrivain qui l'a entrepris.

La lettre de M. de Châteaubriand à M. de Béranger peut être considérée comme un apologue bien médité en faveur du libéralisme, du libéralisme imbu des préceptes fallacieux du cynisme.

Qu'il soit permis d'adresser cette question à l'honorable auteur du Génie du Christianisme. Quelle révolution s'est donc opérée dans son moral? Quelles combinaisons ont donc pu le porter à se démentir? Comment a-t-il pu oublier ce qu'il sut penser il y a moins de vingt-cinq ans? La louange est donc réellement un poison subtil qui fait tomber l'amour-propre dans une ivresse irrésistible? Quoi, c'est parce que le poète de l'irréligion, le chansonnier du matérialisme, le choisit pour sujet d'une ode de quelques couplets, que l'imagination de M. de Châteaubriand surabonde de moyens pour payer au chansonnier ironique son louangeur facétieux, *le tribut d'une admiration sincère.*

Réellement à ce trait, on serait excusable de douter que le noble Vicomte soit issu de ces loyaux chevaliers, qui successivement lièrent pendant plus de sept siècles leur existence aux travaux de leurs princes, et qui figurent à tant de titres dans les fastes de la monarchie.

Pour mettre chacun à même de juger à quel point peut être fondé l'étonnement que fait naître un tel travers, pour prouver à tous jusqu'où peuvent aller les écarts d'un caractère versatile, il importe de démontrer pour quelle cause

M. de Châteaubriand, nommé académicien, se refusa à faire l'éloge de Chénier, qu'il aurait dû prononcer le jour de sa réception dans la docte compagnie.

Chénier est l'auteur d'une épître à Voltaire, où il se montre le partisan de la liberté, mais non l'enthousiaste de l'auteur d'Atala. Dans cet opuscule plein de pensées philosophiques, on remarque cette apostrophe :

.... Du goût aimable et sûr arbitre,
Voltaire, en t'adressant ma véridique épître,
J'aurai soin, pour raison, de ne pas l'envoyer
Devers le paradis dont Céphas est portier.
Lieu saint, mais ennuyeux, où les neufs chœurs des anges,
Au maître du logis entonnant ses louanges,
De prologues sans fin lassent la Trinité.
Rien n'est plus musical ; mais l'Elysée antique,
Malgré Châteaubriand, paraît plus poétique ;
On s'y promène en paix sans flagorner les Dieux :
On y chante un peu moins, mais on y parle mieux ;
Et c'est là que, du temps bravant la course agile
Entre Sophocle, Horace, Aristote et Virgile,
Tu jouis avec eux des honneurs consacrés
Aux talens supérieurs qui nous ont éclairés.

A ce morceau, l'on peut joindre le

passage suivant, il était frappant d'énergie vu les circonstances.

Oh! si dans le fracas des sottises du temps,
Tu pouvais reparaître au milieu des vivans,
Les mains de traits vengeurs et de lauriers armées,
Comme on verrait bientôt ce peuple de pygmées,
Dans son bourbier natal replongé tout entier,
Avec Martin, Fréron, Nonote et Sabatier.

Si dans ces vers on aperçoit les causes qui incitèrent M. de Châteaubriand à ne pas se défendre de l'aversion qu'il parut avoir contre leur auteur; c'est dans les pensées dont il sut orner le discours qu'il devait prononcer à l'Académie, et dont maintes personnes ont eu connaissance, que l'on découvre quelle était alors la situation de ses esprits, ou combien il cédait à d'autres motifs occultes.

En rapprochant quelques citations puisées dans cet écrit, on espère mettre à même de juger de quelle nature furent les effets éprouvés.

Nous nous faisons un devoir de prévenir le lecteur, que nous transcrivons littéralement sur une copie qui peut être réputée authentique.

. . . .

. . . « Il y a des personnes qui vou-
« draient faire de la littérature une chose
« abstraite et l'isoler au milieu des affai-
« res humaines : ces personnes me di-
« sent, pourquoi garder le silence? ne
« considérez les ouvrages de M. Chénier
« que sous le rapport littéraire.

« C'est-à-dire, Messieurs, qu'il faut
« ici que j'abuse de votre patience et de
« la mienne, pour vous rappeler des
« lieux communs que vous trouverez
« partout, et que vous connaissez mieux
« que moi. Autre temps, autres mœurs.
« Héritiers d'une longue suite d'années
« paisibles, vos heureux devanciers pou-
« vaient se livrer à des discussions pu-
« rement académiques qui prouvaient
« moins leurs talens que leur bonheur.
« Mais, nous, restes infortunés du grand
« naufrage, nous n'avons plus ce qu'il

« faut pour goûter un calme aussi par« fait. Nos idées, nos esprits, ont pris « un cours différent, l'homme remplace « en nous l'académicien, et dépouillant « les lettres de ce qu'elles pouvaient « avoir d'utile, nous ne les voyons plus « qu'à travers nos puissans souvenirs et « l'expérience de notre adversité. Quoi, « après une révolution qui nous a fait « parcourir en quelques années les évé« nemens de plusieurs siècles, on inter« dit à l'écrivain toute considération éle« vée ; on lui interdit d'examiner le côté « sérieux des objets ; il passera une vie « frivole à s'occuper de chicanes gram« maticales, de règles de goût, de peti« tes sentences littéraires, et vieillira « enveloppé dans les langes de son ber« ceau ; il ne montrera point sur la fin « de ses jours, un front sillonné par « de longs travaux, par ses graves pen« sées, par ses mâles douleurs qui ajou« tent à la grandeur de l'homme ? Quels « liens importans auront donc blanchi

« ses cheveux ? de misérables peines de « l'amour-propre, et les jeux puérils de « l'esprit. Certes, Messieurs, ce serait « vous traiter avec un mépris bien « étrange, et je ne puis ainsi me rape- « tisser ni me réduire à l'état d'enfance. « Dans l'âge de la force et de la raison, « je ne puis me renfermer dans le cercle « étroit que l'on voudrait tracer autour « de l'écrivain.

« Par exemple, Messieurs, si je voulais « faire l'éloge de l'homme de lettres, de « l'homme de cour qui préside cette as- « semblée, croyez-vous que je me con- « tenterais de louer cet esprit français, « léger, ingénieux qu'il tient de sa mère, « et dont il offre parmi nous le dernier « modèle ? Non sans doute ! je vou- « drais encore faire briller dans tout » son éclat le beau nom qu'il porte ; « je citerais le duc de Bouflers qui fit « lever aux Autrichiens le blocus de « Gênes. Je parlerais du maréchal, père « de ce guerrier, qui disputa aux enne-

« mis de la France les remparts de Lille,
« et consola par cette défense la vieillesse
« d'un grand roi. C'était de ce compa-
« gnon de Turenne, que madame de
« Maintenon disait : En lui le cœur est
« mort le dernier. Enfin je passerais jus-
« qu'à Louis de Boufiers, dit le Robuste,
« qui montra dans les combats la vigueur
« et le courage d'Hercule. Ainsi je trouve-
« rais aux deux extrémités de cette fa-
« mille militaire, la force et la grâce,
« le chevalier et le troubadour. On veut
« que les Français soient fils d'Hector,
« je croirais plutôt qu'ils descendent
« d'Achille, car ils manient, comme ce
« héros, la lyre et l'épée.

« Si je voulais, Messieurs, vous en-
« tretenir d'un poète célèbre, qui chanta
« la nature d'une voix si brillante, pen-
« sez-vous que je me bornerais à vous
« faire remarquer l'admirable sensibilité
« du talent qui sait rendre avec un suc-
« cès égal, les beautés régulières de Vir-
« gile, et les beautés incohérentes de

« Milton ? non sans doute ; je vous mon-
« trerais aussi le poète ne voulant pas
« se séparer de ses infortunés compa-
« triotes ; les suivant avec sa lyre aux
« rives étrangères, chanter leur dou-
« leur, les consoler. Illustre banni au
« milieu de cette foule d'exilés inconnus,
« dont il augmenta le nombre. Il est
« vrai que son âge, ses infirmités, ses
« talens, sa gloire, ne l'avaient pas mis
« dans sa patrie à l'abri des persécutions.
« On voulait lui faire acheter le repos par
« des vers indignes de sa muse, et sa
« muse ne put chanter que la redoutable
« immortalité du crime, et la rassu-
« rante immortalité de la vertu :

Rassurez-vous, vous êtes immortels.

« . . . .

« Nous tous qui vivons dans les troubles
« et les révolutions, nous n'échapperons
« pas aux regards de l'histoire. Qui peut
« se flatter d'être trouvé sans tache dans
« ces temps de débats où personne n'a-
« vait l'usage de sa raison. . . . . Soyons

« donc pleins d'indulgence les uns pour « les autres. Excusons ce que nous ne « pouvons approuver. Telle est la fai- « blesse humaine, que le talent, le gé- « nie, la vertu même font quelquefois « franchir les bornes du devoir. M. Ché- « nier adora la liberté, peut-on lui en « faire un crime? Les chevaliers nos « aïeux, s'ils sortaient aujourd'hui de « leurs tombeaux, suivraient la livrée « de notre siècle. L'on verrait se former « cette illustre alliance entre l'homme et « la liberté, comme sous les règnes des « Valois, les monumens gothiques cou- « ronnèrent avec une grâce infinie dans « nos monumens les ordres empruntés « de la Grèce. . . . .

« . . . .

« . . . .

« Cette tribune est une espèce de « champ de bataille, où les talens vien- « nent tour-à-tour briller et mourir. Que « de génies elle a vus passer! Corneille, « Racine, Boileau, La Bruyère, Bossuet,

« Fénélon, Voltaire, Buffon, Montes-« quieu. Qui ne serait pas effrayé, Mes-« sieurs, en pensant qu'il va faire un an-« neau à la chaîne de cette illustre lignée. « Accablé du poids de ces noms immor-« tels, ne pouvant me faire reconnaître à « mes talens pour héritier légitime, je tâ-« cherai au moins de prouver pour ma « descendance par mes sentimens. Quand « mon tour sera venu de céder la place « à l'orateur qui devra parler sur ma « tombe, il pourra traiter sévèrement « mes ouvrages, mais il sera forcé de « dire, que j'aimai avec transport ma « patrie, que j'aurais souffert mille « morts plutôt que de causer une seule « tribulation à mon pays, que j'aurais « fait sans balancer le sacrifice de mes « jours à ces nobles sentimens, qui « seuls donnent la paix à la vie, et « la dignité à la mort. »

Depuis l'époque où le discours dont ces passages sont tirés, fut écrit, l'académicien impérial a été porté par les événemens, apparemment, et par ses propres réflexions, sans doute, à agrandir le cercle de ces sentimens qui donnent la dignité à la mort ; c'est ce qu'il est facile de reconnaître. Enivré de voir *une prodigue fée*, venir inopinément *orner de fleurs et de diamans son vieux bâton de pélerin*, il a jugé ou calculé peut-être, qu'en montrant beaucoup de vicissitudes dans son humeur, il parviendrait à donner la paix à sa vie ; tant mieux pour lui.

Mais les idées politiques que dans ce système il énonce, sont-elles justes? sont-elles assez fondées en raison, pour devoir déterminer les hommes désireux du bien-être de la France à en accepter les conséquences, à en adopter toutes les conditions? Il est permis de se refuser à le croire ; et dans un tel cas, le doute autorise à démontrer combien l'écrit qui les contient prête à la critique.

INTRODUCTION.

Avant d'aborder les questions que je me propose de traiter, je me dois à moi-même, je me fais un devoir d'opinion de dire, qu'il n'entre pas dans ma pensée de considérer le prince qui actuellement tient les rênes de l'état, comme participant de sa propre et entière volonté, à des actes de puissance, qui peuvent être plus ou moins contraires, à la religion, à la morale, à la politique, à la justice.

Dans la position aussi extraordinaire que difficile où les événemens l'ont forcé de se placer, il est contraint nécessairement de se déterminer par circonstance.

Sans chercher à pénétrer ses grands desseins, je me livre à l'espoir que le temps aidera à leur exécution.

Ainsi, aucune des observations critiques, aucune des réflexions défavorables, qui, dans cet écrit sont l'appui de dissertations intentionnelles, n'ont et ne peuvent avoir trait directement ou indirectement, à son caractère, et à plus forte raison à sa personne.

L'écrit auquel généralement on reproche

d'être entaché d'erreurs, et qui se montre par trop en opposition avec les vrais principes du pacte social, sur lequel a été fondé le régime monarchique de la France, est véritablement un thême de questions plutôt insolites, que politiques, produites dans un ordre successif. Après avoir identifié en quelque sorte ces questions, leur auteur annonce vouloir *en parcourir* la *série*, pour être mieux amené par son sujet sans doute, à *repousser la* proposition relative au bannissement des Bourbons de la branche aînée.

Ses dires offrent-ils réellement le moyen de parvenir victorieusement à cette fin? Quel Français consentirait à s'en montrer convaincu?

Celui qui possède l'art du style, obtient facilement l'avantage de charmer; il est à peu près sûr de faire goûter au premier aperçu, même les incohérences des idées. En général, les esprits sont disposés à accueillir avec confiance des conceptions qui leur sont présentées parées des fleurs d'une brillante éloquence. Mais qui possède les richesses idéales, n'a pas nécessairement le don de la persuasion; le bon sens qui examine les objets à froid, qui y donne d'autant plus d'attention qu'ils lui paraissent graves, finit par n'accorder son assentiment qu'à ce qui lui paraît fort de raisonnement. Nous le demandons aux nombreux lecteurs de cet ouvrage intitulé, *Suite de mon dernier écrit :* après avoir cédé à l'entraînement d'une diction aussi magique que pure, sur quel objet politique, ou moral, se sont-ils trouvés réellement éclairés ? Peut-être serait-il possible de présumer leur première réflexion. Ils ont cherché à pénétrer auquel des partis qui s'agitent, appartient réellement ce publiciste qui flatte le libéralisme, encourage le républicanisme, encense le napoléonisme et admet la quasi-légitimité.

En effet, à quelle opinion peut-on rallier l'écrivain qui pose, sinon en principe, au moins comme faculté conditionnelle, *que les journées de Juillet advenues*, on pouvait faire une de ces cinq choses : *Proclamer la république ; perpétuer la forme monarchique, en élevant au trône une race toute nouvelle ; rappeler la dynastie de Napoléon dans la personne du duc de Reischadt ; maintenir celle de Saint-Louis dans la personne du duc de Bordeaux ; la perpétuer dans la branche cadette.*

Quels motifs ont pu porter à faire mention de ces expédiens, qui de leur nature ne peuvent tendre qu'à prolonger les temps de désordre? Plusieurs de ces expédiens ont été tentés lors des phases orageuses de notre première révolution. Des chefs de parti propagent le système de certaines choses. Ils cherchent à l'aide de suppositions perfides, et pour augmenter le nombre de leurs prosélytes, à faire ressortir les probabilités séduisantes de leurs projets avantageux, ils en font les conséquences naturelles et premières.

Sans s'étudier trop à pénétrer les raisons déterminantes qui ont fait énoncer de tels expédiens, il faut s'attacher à faire sentir tout ce qu'une telle catégorie de propositions contient de faux, de subversif. Ce sera au moins agir dans des vues d'intérêt public, si l'on parvient à démontrer, qu'il est une mesure légale qui doit être préférée, comme étant la seule juste, la plus convenable aux intérêts des familles, la plus rassurante pour le repos de l'Europe et la plus vraiment glorieuse pour la France.

EXAMEN NÉCESSAIRE

DES

CINQ SUPPOSITIONS

RÉPUTÉES ADMISSIBLES.

LA RÉPUBLIQUE.

La découverte du gouvernement représentatif étant, pour plusieurs Etats, un système qui porte avec soi ses dangers, sans que les avantages qu'il peut faire naître soient ou reconnus, ou déjà démontrés; ce n'est encore établir qu'un paradoxe, d'avancer, que l'introduction d'un corps représentatif, comme puissance de gouvernement, peut s'appliquer à un grand peuple, surtout sous la forme républicaine.

Ce serait mettre par trop souvent la chose publique en danger, que d'exposer son sort aux discussions, aux décisions d'hommes qui appartiennent aux différentes classes la société. Malgré les fonctions qui leur sont confiées, ils sont nécessairement mus par un sentiment d'intérêt particulier, et le *primo mihi* est pour eux le *salus populi*, *suprema lex*.

Depuis plusieurs siècles les théories du républicanisme sont très-goûtées en France. Elles se sont acquis pour soutiens, pour défenseurs, la plupart de ces hommes qui ayant passé leur jeunesse sur les bancs de l'école, se sont persuadé que celui qui a soutenu thèse, peut aborder avec avantage une discussion politique, et qu'il suffit, pour se dire homme d'état, de savoir se montrer grand discoureur.

Ce fut parce que cette impulsion au républicanisme se manifesta d'une manière non équivoque, dans les dernières assemblées des États-Généraux, et surtout sous Louis XIII, que le conseil de la Couronne jugea devoir éviter de les assembler.

Sleidan, historien du protestantisme, de cette croyance qui porte au républicanisme, reconnaît que cette forme de gouvernement ne peut convenir à certains États. Les lettres de Luther au roi d'Angleterre et à l'Empereur démontrent l'opinion de l'auteur de la réforme à cet égard.

Rousseau, dans son Contrat social, range les républiques parmi les États de second et le dernier ordre; et Montesquieu donne la préférence au gouvernement monarchique sur tous les autres. Avancer, comme le fait l'auteur de l'écrit qui nous occupe, que le républicanisme a l'avantage d'assigner aux intelligences leur rang naturel, c'est vouloir égarer l'âge des illusions par un paradoxe.

Que l'on crée autant de places amovibles que le système d'administration le plus large en pourra comporter; ce sera beaucoup si l'on trouve un moyen raisonnable d'opérer deux mutations par chaque génération. Comme dans cette période de temps, il se formera au moins cinquante intelligences propres à remplir chacune des fonctions amovibles, il en restera nécessairement quarante-huit dont les espérances seront déçues.

Jamais les sociétés politiques n'ont retiré des avantages durables d'adopter des systèmes propres à exciter les ambitions. C'est en maintenant les vues de chacun sous l'empire de la raison que l'on a de sûrs garans du maintien de la tranquillité publique. « Heureux le peuple qui fait ce qu'on com- « mande, mieux que ceux qui commandent,

« sans se tourmenter des causes, » dit Montaigne. Les révolutions naissent presque toutes des mêmes causes. Elles sont fomentées par des ambitieux, opérées par desindividus qui ont soif des places les plus lucratives, et qui, pour y parvenir, se masquent en factieux.

D'après le genre actuel de l'éducation, faites de la France une république, et à chaque guerre que l'Etat aura à soutenir, il courra le danger de tomber sous le despotisme.

Si Dieu, dans l'Ecriture, *ordonne à Samuël de détourner les Israélites de leur dessein lorsqu'ils se veulent donner un Roi*, on peut penser que la divinité s'était réservé ce moyen pour mettre son peuple à même de discerner la différence à établir entre une forme de bon, ou mauvais gouvernement. On trouve livre III des rois, chapitre X, V. XXIV, Samuel dit à tout le le peuple : « Vous voyez qu'il est celui que « le Seigneur a élu, car il n'y en a point de « semblable à lui en tout le peuple, et le « peuple cria et dit *vive le roi.* »

DU CHANGEMENT TOTAL DE RACE.

Des auteurs qui ont transmis des éclaircissemens assez exacts, sur les différens mouvemens séditieux dont la France s'est vu agitée à des intervalles plus ou moins rapprochés depuis le règne de Philippe-le-Bel, sont demeurés d'accord que dans ces temps il se forma un parti pour effectuer un changement total de race, et expulser du trône tous les membres de la dynastie régnante.

Cette déclaration d'un Français qui se retira de la Ligue, ayant acquis connaissance des projets des meneurs, aide à le prouver. Cet acte de loyauté est consigné dans l'Histoire de la Ligue, tome III.

« Ceux qui sauront cy-après, que j'ai re-
« noncé, ainsi que je désire être notoire et
« divulgué, et me suis départi de la ligue
« introduite depuis quelques années dans
« ce royaume, n'attribuent point ce chan-
« gement à aucune inconstance ou subor-
« nation ; mais plutôt qu'ils croient et soient
« avertis que telle ligue est réprouvable à
« tous bons Français, ayant appris par les

« communications et discours familiers que
« j'eus avec les plus entendus et zélés en la-
« dite ligue, que les noms de religion, de
« majesté divine et humaine, compris en y-
« celle, n'étaient que masque et abandon,
« pour se couvrir et voiler le hideux d'une
« monstrueuse subversion que quelques-uns
« voulaient faire de tout ce royaume, tant
« en général qu'en particulier. J'ai appris
« que la ligue, en état politique, est un
« contrat solennel juré entre personnes
« égales et non subjectes à la puissance
« d'autrui, pour conserver et maintenir
« leur liberté tant offensivement que défen-
« sivement envers et contre tous. Ce que
« plus particulièrement je reconnus, après
« que j'ai vu cette ligue, contenant une dé-
« claration de salaire et de récompense à
« ceux qui aideraient, obéiraient, et de
« punitions aux contrevenans. Etant une
« vraie loi nouvelle introduite dans ce ro-
« yaume non point royal et française, car
« elle n'était point faite sous le nom seul du
« roi, mais plutôt *ochlocratique* ou gou-
« vernement du bas peuple. »

L'existence d'une conjuration permanente, pour opérer le changement de dynastie, demeure demontrée jusqu'à l'évidence par cet avis donné à Catherine de Médicis en 1615 après la tenue des états de Rouen, que cette reine, alors régente, se vit obligée de dissoudre. « Un temps viendra, où de nouveaux « rois de France, recevant des titres de « gloire et de majesté, non encore expri- « més, se formeront des trophées des cou- « ronnes et des sceptres, des empires et « des royautés serves, et vaincus. » Cet horoscope se trouve dans le discours des généraux changemens, par D. R. Poliphile.

Il existe depuis long-temps en France, au dire de Frère, des sociétés dont les membres sont réunis et liés par ce serment, *haine au pape, haine au roi de France.*

Si l'on consulte l'histoire du temps de la Fronde, on y retrouve les menées du même parti. Qui ignore que la révolution de 89 a été tentée et suivie dans le même dessein. On ne craignait pas de le divulguer dès l'origine du mouvement. Peut-être que si l'événement de Varennes n'eût pas eu lieu, le système et la résolution d'établir la république n'eurent pas prévalu. L'envoi de Custine vers le duc de Brunswick en 92, pour lui offrir la couronne, comme ce général l'a déclaré dans son interrogatoire, prouve tout à la fois, l'existence du projet, et la difficulté où l'on se trouvait pour en assurer l'exécution, en arrêtant le choix sur une famille d'origine française.

Dans les circonstances actuelles, il faudrait bien volontairement s'aveugler sur les intentions de certains meneurs, pour ne pas pénétrer le motif de l'affectation, qu'eux, et leurs adhérens, mettent à se servir dans leurs discours et dans leurs écrits de cette expression; *la nouvelle dynastie*. Ils savent très-bien, qu'un changement de branche n'est qu'une modification d'hérédité. Le dernier descendant de la branche aînée des Bourbons, et le chef de la branche cadette, sont beaucoup moins éloignés en degrés de parenté, en supputant les lignées par la descendance masculine, que François Ier ne l'était de Louis XII. Cependant lorsque le chef de la seconde branche des Valois parvint à la couronne, ni les députés aux états généraux, ni les magistrats près les cours de justice, n'eurent la pensée d'employer cette expression, *la nouvelle dynastie*.

Que l'on suive le progrès du mouvement qui s'opère, que l'on réfléchisse à tous ces moyens directs ou occultes, qui journellement sont tentés, et dont on peut reconnaître que le prince qui tient les rênes de l'Etat est l'objet et l'on jugera, si les prévisions sont chimériques.

Assurément il y aurait, et témérité et imprudence, à affirmer que l'événement se réalisera, mais aussi ce serait se livrer à une confiance bien aveugle, de croire fermement qu'il n'arrivera pas.

Tout est clair dans le choix d'une race nouvelle, c'est comme dans le cas d'une république, une mesure complète, dit monsieur de Châteaubrian. Sous quel rapport que l'on envisage cette assertion, elle se montre défectueuse.

Dans l'établissement politique d'une république, les autorités sont temporaires. Si le système d'un tel Etat est aristocratique, toutes les familles nobles ont les mêmes droits, toutes sont sur la même ligne pour parvenir aux premières dignités. Il en est de même si l'Etat a une constitution démocratique. A Venise, à Gênes, on comptait au moins dix familles, dont les membres avaient exercé le dogat; à Hambourg, chaque famille ayant titre de bourgeoisie, peut citer un Prêteur parmi les siens. En France il n'y a qu'une famille royale : le premier roi d'une dynastie nouvelle, dans quelle classe de la société qu'il soit choisi, il aura des pairs, mais sa famille ayant seule droit au trône, ses descendans n'auront plus d'égaux dans l'État. Dans ce cas, l'élection première faisant naître avec le temps une distinction de rang, il en résulte nécessairement qu'il existe une différence pour le complet de la mesure, entre le système des monarchies héréditaires, et celui des républiques.

Au moment où Hugues-Capet parvint à la couronne, les ducs de Normandie, de Bourgogne, de Guyenne, les comtes de Flandre, de Champagne, de Toulouse étaient ses pairs, mais ces mêmes pairs approuvèrent la résolution prise en faveur des princes du sang, qui les rend dès leur naissance les principaux pairs de France, prérogative qui porte toutes les familles « à croître en respect, en « affection pour le sang royal. »

Les inconvéniens d'appeler une race nouvelle au trône sont d'autant plus réels, que cette mesure nuit tout à la fois aux relations politiques de puissance à puissance, et au maintien de la paix intérieure. Le régime de stabilité est le premier garant de la durée des empires, comme il l'est de leur prospérité.

LE DUC DE REISCHSTADT.

Dans une dissertation de droits politiques, mettre en quelque sorte en regard le duc de Bordeaux, et le duc de Reischstadt, faire de la position respective de ces princes, *un moyen de choix entre deux espèces de légitimité*, vouloir les faire paraître égaux en prétention au trône de France, parce que si l'un *est héritier d'une grande race*, l'autre est le descendant d'un grand homme, c'est vouloir faire adopter l'idéal, comme le vrai.

Il y a erreur d'avancer, que, *ces deux légitimités à différentes distances dans les temps, avaient une source semblable, l'élection du peuple*. Jamais, Hugues Capet n'a dû son avènement au trône de France, à l'élection du peuple, pas plus qu'il ne fut reconnu dans ces temps, qu'il tenait sa couronne de *droit* divin.

Les enfans de Louis V étant morts, Charles-le-Chauve oncle de ce dernier roi de la seconde race, et qui régnait dans la France occidentale (Lorraine) n'ayant pu occuper le trône; les pairs, grands vassaux de la couronne, prétendirent être égaux en titres pour l'obtenir. Sur les instances de Richard premier, duc de Normandie, ils se réunirent pour examiner la question. Elle restait absolument entre eux. Le peuple ne fut nullement appelé à prononcer, à faire un choix. Ni l'ordre du clergé, ni celui de la noblesse, n'exercèrent alors leur attribution politique. Les pairs seuls jugèrent et prononcèrent. Hugues était le plus ancien d'origine française. « Peu après leur réunion, Hugues Capet « vint à la couronne, par l'élection de ces « mêmes pairs qui furent comme obligés de « la déférer à celui d'entre eux qui était le « plus considérable, à cause de ses ancêtres, « et qui pouvait rejoindre à la royauté tant « de provinces qui en avaient été séparées.

Ce fait rapporté par le Laboureur, se trouve confirmé par le témoignage des plus anciennes traditions; les annalistes, les chronologistes en font mention.

Quant à l'hypothèse *du droit divin*, nos rois de la troisième race, loin de l'adopter, se sont constamment refusés à reconnaître la conséquence, que l'autorité spirituelle voulait en tirer pour établir son droit de juger les Souverains. La lettre du roi Philippe-le-Bel au pape Boniface VIII est un document irrécusable concluant sur cet objet et contre ce principe métaphysique.

« La politique de Pepin avait semé le pre-
« mier germe de cette idée (*le droit divin*)
« il avait cru par là réparer le vice de son
« titre. Il avait voulu se faire regarder comme
« établi en roi, par l'ordre même de *Dieu*,
« et par l'organe de son vicaire, il s'était fait
« oindre de l'huile sainte par le pape comme
« le fils de Cis l'avait été par Samuel, et le
« pontife avait dévoué à la colère céleste
« tous ceux qui par la suite, oseraient se
« révolter contre cette race choisie de Dieu.»

Si Hugues Capet, si ses successeurs, se sont montrés assez religieux, pour ne pas se créer un titre personnel *du droit divin*; tous ils ont reconnu le devoir de s'en faire la première obligation de la magistrature toute suprême qu'ils exercèrent. Magistrature à laquelle est attachée la plus belle prérogative, celle de faire grâce, ou de réparer les erreurs que les juges peuvent commettre.

En admettant que *le titre d'héritier d'un*

grand homme, puisse constituer un droit suffisant de légitimité; comment l'auteur de cette opinion paradoxale, ne s'est-il pas aperçu de la conséquence première qu'il en résulte. Elle décuple les droits, les titres du duc de Bordeaux, et par cela même elle diminue d'autant, ceux du prince qu'il veut lui donner pour compétiteur.

Que l'on suppose, que dans une telle question de légitimité, les Français consentiraient à mettre sur une même ligne, grand homme, pour grand homme, gloire pour gloire, assurément le règne du grand homme du dix-septième siècle déterminerait plus les suffrages que l'époque du grand homme du dix-neuvième. La muse de l'histoire offrirait sans doute, plus de pages pour ce monarque de qui le cardinal Maury a dit : « le grand « homme du grand siècle, se présente à la « postérité, appuyé sur les grands hommes « que son génie a fait naître. »

Quel apologiste véridique se croirait autorisé à tracer un tel portrait du grand homme dont la mémoire appartient à M. le duc de Reischstadt.

LE DUC DE BORDEAUX.

Les avantages de ce choix étaient évidens. Ainsi le pense et le prononce M. de Châteaubriand.

Pour donner plus de poids aux motifs sur lesquels il fonde son opinion, ce publiciste met en avant cette considération conjecturale : *le sceptre du jeune Henri eût mieux valu pour le repos de cette France, pour le repos même de celui qui règne*, etc., etc.

Cette proposition est vicieuse, elle peut être démontrée fausse de principes, dangereuse dans ses conséquences. L'adopter serait exposer la France dans un avenir de guerre, de désordre, et prolonger sa situation révolutionnaire.

Toute mesure qui tend à détruire des règles établies, en vertu de lois fondamentales, porte en soi son danger. Dans la situation actuelle où se trouve la monarchie, il n'y a qu'une seule mesure à suivre dans l'intérêt de la couronne ; c'est de rentrer sous l'empire des lois du royaume pour ce qui a rapport à la royauté.

Faire de cette condition le seul moyen, la

seule garantie du salut public; l'énoncer, c'est s'imposer le devoir d'en démontrer la nécessité, et aspirer à prouver l'avantage et la possibilité de l'adopter.

Légitimiste, j'aborde la question;

Mon dessein ne saurait être de chercher à éveiller des passions qui peuvent se montrer encore disposées à s'irriter ainsi, je me hâte de le déclarer; je ne veux considérer les accidens, qu'en faisant abstraction des causes qui les ont produits.

Je me borne à voir dans la révolte de juillet, dans la révolution qui en est la suite, des événemens de force majeure.

Après un violent orage, la nature multiplie ses ressources pour réparer des maux qui nuisent à sa fécondité, après une affreuse tempête politique, les esprits peuvent bien se montrer avides de rentrer sous l'empire de la raison.

Quelle était la situation de l'être de raison de la monarchie française au mois de juillet 1830? La couronne était portée par son possesseur légitime, pour son avenir elle avait un héritier présomptif, pour un temps plus éloigné la providence lui avait donné un héritier éventuel.

Les droits de ces trois générations s'appuyant également sur le pacte social, étaient inattaquables, parce que si le pacte fondamental n'était pas reconnu immuable, il perdrait son premier avantage, qui est d'assurer le maintien de l'ordre et la conservation de la société.

Tout ce qui a rapport à la royauté rentre dans le régime du droit étroit, et le monarque n'a pas plus la faculté de s'écarter des conditions qui y sont déterminées, que les peuples n'ont la liberté de les enfreindre.

Sans rapporter des articles de la loi salique, de cette loi qui remonte au berceau de la monarchie, il importe de rappeler ce qu'elle prescrit en faveur de la royauté. « Le droit « de succéder à la couronne ne peut être « modifié, il ne peut être interverti, le « royaume s'est toujours préservé de tomber dans tous les malheurs par le moyen « du droit successif, qui rend nos rois « comme immortels et qui assure que la « justice et l'autorité royale ne souffre jamais aucune éclipse. »

Cette maxime est à tel point inhérente à la couronne de France que nos pères y ont adapté cette devise : *Occasum Gallia nescit.*

Ainsi on peut dire avec fondement, que le fils ne reçoit pas de son père, ou l'agnat de son prédécesseur, la couronne à titre d'héritage, mais que la loi lui en donne la possession, dont il ne peut être privé. *Ita quod non potest rex de regno testari;* ainsi, pour les Français se trouve prescrit le *jus coronæ*, le *jus gentis*.

Depuis que la troisième dynastie est parvenue au trône, l'héritier présomptif de la Couronne, le fils du monarque, « n'a plus « été admis à exercer une portion du pouvoir « royal, et les pères ne se sont plus dépouillés « de leur vivant. »

Restant en dehors des lois de sujétion, puisque le père, puisque le roi ne peut exercer aucun droit sur sa personne, l'héritier présomptif de la couronne est neutralisé par l'empire de sa situation politique; dès lors il ne peut ni vouloir, ni consentir. Tous les actes qu'il pourrait souscrire, ainsi que ceux auxquels il adhère, sont nuls, puisque dans aucun cas il ne peut agir de son propre mouvement.

En vain l'on dirait que ces usages, que ces lois du royaume sont tombées en désuétude. Les Français les ont toujours tenues, ils les tiennent encore pour existantes. Le serment d'en conserver les dispositions relatives à l'ordre successif du trône (je ne dis pas relatives à l'exercice de la royauté) a été prononcé depuis la restauration, itérativement par les électeurs, les pairs, les députés, les membres des conseils généraux, les magistrats, et par toutes les classes de fonctionnaires publics, il l'a été même depuis la Charte de 1830.

Ainsi, pour qui adopte le principe de l'ordre, il demeure constant que ces lois sont aujourd'hui encore celles de la couronne, de la monarchie, et forment le système organique de la royauté.

En vain objecterait-on que la volonté du peuple les a annulées, qu'elles ne peuvent avoir survécu aux journées de juillet; il y aurait mauvaise foi à se prévaloir d'une pareille autorité.

Lors des événemens de juillet aucune volonté, dans l'acception rigoureuse ou raisonnable de ce mot, n'a été prononcée, il n'y en a pas même eu d'indiquée.

Un mouvement d'irritation, une soif de vengeance, une ivresse de bravoure, l'exaspération poussée à l'extrême par l'opiniâtreté de la résistance, sont les véhicules, sont les seules causes qui aient déterminé l'action des masses. Les troupes du roi ont seules montré le calme du dévouement : vaincues, leurs ennemis mêmes leur accordent à honneur leur glorieuse défaite.

La catastrophe consommée, pour donner plus de consistance à l'événement, on a feint de prendre les acclamations d'un triomphe calamiteux pour l'expression du vœu de la nation. Par un calcul artificieux, on a compris sous la dénomination abstraite de peuple de Paris, la dénomination élective du peuple français ; et d'une portion quelconque de la populace, on a fait le peuple de la capitale du royaume.

Que l'on tienne, si l'on veut, de telles combinaisons pour plausibles, encore ne pourra-t-on pas les soustraire à un défaut qui empêchera toujours qu'elles soient jugées acceptables. Il existe un document qu'il n'est plus permis d'annuler, il constate un fait qui qualifie suffisamment de quelle nature devait être nécessairement la volonté la plus énergiquement manifestée, et dont certains hommes de parti veulent se prévaloir.

Les états nominatifs publiés en vertu des

lois, des ordonnances rendues, pour l'admission aux récompenses, à la décoration nationale, prouvent que la quinzième partie des grâces a dû être accordée à des étrangers. Si on vérifiait les registres des hôpitaux où les blessés ont été soignés, le nombre pourrait être fixé à un sur douze. S'il reste démontré que le douzième ou seulement le quinzième des assaillans se composait d'étrangers à la capitale, d'Allemands, d'Anglais, de Grecs, d'Italiens, d'Espagnols, de gens agglomérés sur un même point par différens motifs, peut-on induire la conséquence que le peuple de Paris ait énoncé un vœu formel.

Mais dans quel État, chez quel peuple de l'antiquité, ou des modernes, a-t-on jamais compris dans les classes les plus communes de la société, des êtres auxquels on ne peut accorder que la désignation *d'individus*. « Le « nom de peuple pris dans son sens le plus « large, ne peut se donner qu'à ceux de la « cité. »

Sous la première race de nos rois, on nommait *conventus populi*, toute assemblée municipale, tout *plaid destiné* à entendre et juger les cause.

M. de Châteaubriand qui a dû voir

les choses de plus près, *lorsque la foule composée de jeunes gens qu'animait leur triomphe, l'emportant dans ses bras, lui procura une journée qui a couronné sa vie politique*, pourrait faire connaître si cette foule se composait de Français seulement. Lorsqu'à leurs cris *vive la Charte*, il répondait : oui, messieurs, vive la Charte et vive le roi, ne s'est-il pas aperçu que plusieurs d'entre eux ne comprenaient ni ses intentions, ni ses expressions; au juste, quelles étaient-elles ?

Ne pourrait-on pas opposer à cette scène d'enthousiasme, la contenance de la classe paisible du peuple de Paris, qui voyant avec douleur le désordre, et en pénétrant les causes occultes, criait vive la Charte, *vive Charles X*, et qui deux jours après l'événement, ayant été informé par un bruit confus et général, que le roi s'éloignait, répétait encore : vive Charles X, pourquoi s'en va-t'il, qu'il reste au milieu de nous.

Mais si les résultats forcés des événemens de juillet ne peuvent obtenir l'assentiment du temps, si la situation actuelle de l'État, si cette situation aussi critique pour la chose publique, qu'elle est aggravante pour l'intérêt particulier, ne peut que devenir de plus en plus douloureuse, si sa durée est par trop prolongée, les Français ne doivent-ils pas saisir les voies qui offrent le plus de moyens heureux pour faire cesser cette situation.

Le titre donné par Charles X indiquant son abdication, énonçant aussi la déclaration qui aurait été consentie par M. le Dauphin est nul. Il l'est par sa forme, il l'est par sa teneur, il l'est par la nature des circonstances où il a été rédigé.

Le prince auquel ce titre a été adressé, et remis, ne peut s'en prévaloir. Il blesse le droit des gens, il répugne au droit politique, il ne serait pas admissible selon le droit civil; la postérité se refuserait à le reconnaître, à le valider.

C'est dans le dessein d'amener les hommes qui cèdent à l'influence de l'esprit de parti à réfléchir sur tous les inconvéniens auxquels leur propre ouvrage expose l'avenir de la France, c'est pour les mettre en quelque sorte aux prises avec leur pensée que l'on provoque leur avis.

Qu'ils relisent ces documens officiels, l'exposé des faits, ces résolutions inextricables de difficultés qui se sont succédé du deux au sept Août 1830, et qu'ils prouvent que notre assertion est condamnable.

Cette proposition ne saurait être réputée offensive. Que ces hommes la combattent par des raisons péremptoires, alors ils éclaireront la raison, ils assureront leur triomphe par cela même qu'ils feront naître la conviction. Si au contraire, ils se jugeaient réduits à ne pouvoir opposer que des allégations forcées, alors ils contribueraient par l'exagération ou le silence, à faire cesser des erreurs qui, étant par trop prolongées, deviennent destructives.

Dans le discours prononcé par son altesse royale monseigneur le duc d'Orléans, prenant la qualité de lieutenant général du royaume, lors de l'ouverture des Chambres le 3 août 1830, il faut remarquer le passage suivant : « Tout ce qui est précieux à des « hommes et à des citoyens courait les plus « grands dangers. Dans cette absence de « tout pouvoir public, le vœu de mes con- « citoyens s'est tourné vers moi, ils m'ont « jugé digne de concourir avec eux au sa- « lut de la patrie, ils m'ont invité à exercer

« les fonctions de lieutenant général du « royaume.

« Messieurs les pairs et messieurs les dé- « putés, aussitôt que les Chambres seront « constituées, je ferai porter à leur con- « naissance l'acte d'abdication de Sa Majesté « Charles X ; par ce même acte, son altesse « royale Louis-Antoine de France, dauphin, « renonce également à ses droits. Cet acte « a été remis entre mes mains hier 2 août, « à onze heures du soir ; j'en ordonne ce « matin le dépôt dans les archives de la « chambre des pairs, et je le fais insérer « dans la partie officielle du Moniteur. »

L'acte ci-après, portant sur la suscription : à mon cousin le duc d'Orléans, lieutenant général du royaume, a été déposé, par l'ordre de M. le duc d'Orléans aux archives de la chambre des pairs.

Rambouillet, ce 2 août 1830.

« Mon cousin, je suis trop profondément « peiné des maux qui affligent ou qui pour- « raient menacer mes peuples pour n'avoir « pas cherché le moyen de les prévenir. J'ai « donc pris la résolution d'abdiquer la cou-

« ronne en faveur de mon petit-fils le duc « de Bordeaux.

« Le dauphin, qui partage mes sentimens, « renonce aussi à ses droits en faveur de son « neveu.

« Vous aurez donc, en votre qualité de « lieutenant général du royaume, à faire « proclamer l'avénement de Henri V à la « couronne. Vous prendrez d'ailleurs toutes « les mesures qui vous concernent pour « régler les formes du gouvernement pen- « dant la minorité du nouveau roi. Ici je me « borne à faire connaître ces dispositions, « c'est un moyen d'éviter encore bien des « maux.

« Vous communiquerez mes intentions « au corps diplomatique, et vous me ferez « connaître le plus tôt possible la proclama- « tion par laquelle mon petit-fils sera re- « connu roi sous le nom de Henri V.

« Je charge le lieutenant général vicomte « de Foissac-la-Tour, de vous remettre cette « lettre. Il a ordre de s'entendre avec vons « pour les arrangemens à prendre en faveur « des personnes qui m'ont accompagné, « ainsi que pour les arrangemens convena-

« bles pour ce qui me concerne, et le reste « de ma famille.

« Nous règlerons ensuite les mesures qui « seront la conséquence du changement de « règne.

« Je vous renouvelle, mon cousin, l'as- « surance des sentimens avec lesquels je « suis votre affectionné cousin,

Moniteur, Partie officielle.

CHARLES,
LOUIS-ANTOINE.

Lettre écrite à S. A. R. le lieutenant général du royaume, par les commissaires envoyés à Rambouillet.

Rambouillet 3 août 1830, à 10 heures du soir.

Monseigneur,

« C'est avec bonheur que nous vous an- « nonçons le succès de notre mission ; le roi « se détermine à partir avec toute sa famille. « Nous vous apporterons avec la plus grande « exactitude tous les détails, tous les inci- « dens de ce voyage. Puisse-t-il se terminer « heureusement ! Nous suivons sa route à « Cherbourg, nous partons dans une demi- « heure ; toutes les troupes sont dirigées sur

« Epernon, et demain matin on détermi-
« nera quelles sont celles qui suivront défi-
« nitivement le roi. »

Nous sommes avec respect et dévouement,

Monseigneur,

De Votre Altesse royale.

Les très-humbles et très-obéissans serviteurs,

De Schonen; le maréchal comte Maison; Odillon-Barot.

Déclaration de la chambre des députés du 7 août 1830.

La chambre des députés prenant en considération l'impérieuse nécessité qui résulte des événemens des 26, 27, 29 juillet derniers et jours suivans, et de la situation générale où la France s'est trouvée placée à la suite de la violation de la Charte constitutionnelle.

Considérant en outre que par suite de cette violation et de la résistance héroïque des citoyens de Paris, S. M. Charles X, son A. R. Louis-Antoine, dauphin, et tous les membres de la branche aînée de la maison royale, sortent en ce moment du territoire français, déclare que le trône est vacant en fait et en droit, et qu'il est indispensable d'y pourvoir. La chambre des députés déclare secondement : que selon le vœu et dans l'intérêt du peuple français, le préambule de la Charte constitutionnelle est supprimé comme blessant la dignité nationale, en paraissant octroyer aux Français des droits qui leur appartiennent essentiellement, et que les articles suivans de la même Charte doivent être supprimés ou modifiés de la manière qui va être indiquée.

Suivent les articles de la Charte revisée, plus des articles de dispositions particulières.

« Moyennant l'acceptation de ces dispositions, la Chambre des députés déclare « enfin que l'intérêt universel et pressant « du peuple français appelle au trône S. A. « R. Louis-Philippe d'Orléans, duc d'Orléans, lieutenant général du royaume, et « ses descendans à perpétuité, de mâle en « mâle, par ordre de primogéniture et à l'exclusion perpétuelle des femmes et de leur « descendance.

« En conséquence, S. A. R. Louis-Philippe

« d'Orléans, duc d'Orléans, lieutenant gé-
« néral du royaume, sera invité à accepter
« et à jurer les clauses et engagemens ci-
« dessus énoncés, l'observation de la Charte
« constitutionnelle et des modifications in-
« diquées, et après l'avoir fait devant les
« Chambres assemblées, à prendre le titre
« de roi des Français. »

Cet acte délibéré en la Chambre, est signé du président de la Chambre, des quatre secrétaires, collationné à l'original par le président, les secrétaires.

CHAMBRE DES PAIRS.

Déclaration de la Chambre.

« La Chambre des pairs, prenant en con-
« sidération l'impérieuse nécessité qui ré-
« sulte des événemens des 26, 27 et 29 juil-
« let derniers et jours suivans, et de la situa-
« tion générale où la France s'est trouvée
« placée à la suite de la violation de la Charte
« constitutionnelle.

« Considérant en outre que, par suite de
« cette violation et de la résistance héroïque
« des citoyens de Paris, S. M. Charles X,

« S. A. R. Louis-Antoine, dauphin, et tous « les membres de la branche aînée de la « maison royale sortent en ce moment du « territoire français.

« Déclare que le trône est vacant en fait « et en droit, et qu'il est indispensable d'y « pourvoir.

« La chambre des pairs déclare seconde-« ment que, selon le vœu et dans l'intérêt « du peuple français, le préambule de la « Charte constitutionnelle est supprimé « comme blessant la dignité nationale, en « paraissant octroyer aux Français des droits « qui leur appartiennent essentiellement et « que les articles suivans de la même Charte « doivent être supprimés ou modifiés de la « manière qui va être indiquée.

Suivent les articles de la Charte modifiée.

Disposition générale.

La Chambre des pairs déclare qu'elle ne « peut délibérer sur la disposition de la dé-« claration de la Chambre des députés con-« çue en ces termes.

« Toutes les nominations et créations

« nouvelles faites sous le règne de Charles X
« sont déclarées nulles et non avenues.
« Elle déclare s'en rapporter entièrement
« sur ce sujet à la haute prudence du prince
« lieutenant général.

« L'article 27 de la Charte sera soumis à
« un nouvel examen dans la session de 1831.

« La Chambre des pairs déclare troisiè-
« mement qu'il est nécessaire de pourvoir
« successivement par des lois séparées et
« dans le plus court délai possible aux ob-
« jets qui suivent.

« Moyennant l'acceptation de ces disposi-
« tions et propositions, la Chambre des pairs
« déclare enfin que l'intérêt universel et
« pressant du peuple français appelle au
« trône S. A. R. Louis-Philippe d'Orléans,
« duc d'Orléans, lieutenant général du royau-
« me et ses descendans à perpétuité de mâle
« en mâle, par ordre de primogéniture, et à
« l'exclusion perpétuelle des femmes et de
« leur descendance.

« En conséquence, S. A. R. Louis-Philippe
« d'Orléans, duc d'Orléans, lieutenant gé-
« néral du royaume, sera invité à accepter
« et à jurer les clauses et engagemens ci-
« dessus énoncés. L'observation de la Charte

« constitutionnelle et des modifications in-
« diquées, et après l'avoir fait devant les
« Chambres assemblées, à prendre le titre
« de roi des Français.

« Donné au palais de la chambre des pairs,
« le 7 août. »

Signé du président et des secrétaires,

Et pour copie conforme,

Les mêmes signatures.

Procès-verbal de la séance de la Chambre des pairs et de la Chambre des députés réunies.

« L'an dix-huit cent trente, le 9 août, mes-
« sieurs les pairs et messieurs les députés,
« étant réunis au palais de la chambre des
« députés, sur la convocation de monsei-
« gneur Louis-Philippe d'Orléans, duc d'Or-
« léans, lieutenant général du royaume, S.
« Altesse royale est entrée, suivie de LL. AA.
« RR. les ducs de Chartres et de Nemours et
« des officiersde sa maison, et s'est rendue
« à la place qui lui était destinée sur l'estrade
« en avant du trône.

« Les pairs et les députés étant debout et
« découverts, Son Altesse royale ayant pris

« séance, monseigneur a dit aux pairs et « aux députés : Messieurs, asseyez-vous. « S'adressant ensuite à M. le président de la « chambre des députés, Monseigneur lui « a dit :

« Monsieur le président de la chambre « des députés, veuillez lire la déclaration de « la chambre.

« Monsieur le président en a donné lec« ture, et l'a portée à son A. R. qui l'a remise « à M. le commissaire provisoire chargé du « ministère de l'intérieur.

« S'adressant également à M. le président « de la chambre des pairs :

« Monsieur le président de la chambre « des Pairs, veuillez me remettre l'acte d'ad« hésion de la chambre des pairs.

« Ce que monsieur le président a fait et « il a remis l'expédition entre les mains de « monseigneur, qui en a chargé monsieur « le commissaire provisoire au département « de la justice.

» Alors monseigneur a lu son acceptation « ainsi conçue :

« Messieurs les pairs, messieurs les dé« putés, j'ai lu avec une grande attention « la déclaration de la chambre des dé-

« putés, et l'acte d'adhésion de la chambre
« des pairs, j'en ai pesé et médité toutes les
« expressions.

« J'accepte sans restriction ni réserve
« les clauses, les engagemens que renferme
« cette déclaration, et le titre *de roi des*
« *Français*, qu'elle me confère, et je suis prêt
« à en jurer l'observation.

S. A. R. s'est ensuite levée et la tête découverte, prêté le serment dont la teneur suit :

« *En présence de Dieu, je jure d'observer*
« *fidèlement la charte constitutionnelle avec*
« *les modifications* exprimées dans la déclara-
« tion, de ne gouverner que par les lois, de
« faire rendre bonne et exacte justice à
« chacun selon son droit, et d'agir en toute
« chose dans la seule vue de l'intérêt, du
« bonheur et de la gloire du peuple fran-
« çais. »

Le présent serment a été signé en trois originaux, pour être déposés aux Archives royales et dans celles de la chambre des pairs et de la chambre des députés.

Sa majesté Louis-Philippe Ier, roi des Français, s'est alors placée sur le trône, où elle a été saluée par les cris mille fois répétés de *vive le roi !*

Le silence s'étant établi, sa majesté a prononcé le discours suivant :

« Messieurs les Pairs, messieurs les Dé-
« putés, je viens de consommer un grand
« acte, je sens profondément toute l'étendue
« des devoirs qu'il m'impose, j'ai la cons-
« cience que je les remplirai. C'est avec
« pleine conviction que j'ai accepté le pacte
« d'alliance qui m'est proposé. J'aurais vive-
« ment désiré ne jamais occuper le trône
« auquel le vœu national vient de m'ap-
« peler; mais la France attaquée dans ses
« libertés, voyait l'ordre public en péril. La
« violation de la charte avait tout ébranlé,
« il fallait rétablir l'action des lois, et c'était
« aux chambres qu'il appartenait d'y pour-
« voir. Vous l'avez fait, messieurs ; les sages
« modifications que nous venons de faire à
« la charte garantissent la sécurité de l'ave-
« nir, et la France, je l'espère, sera heureuse
« au dedans, respectée au dehors; et la paix
« de l'Europe de plus en plus affermie.

M. le commissaire provisoire au département de la justice, a ensuite invité MM. les pairs et MM. les députés à se retirer dans leurs chambres respectives où le serment de fidélité au roi, à la charte constitutionnelle et aux lois du royaume serait individuellement prêté par chacun d'eux ; et la séance a été levée.

Donné au Palais-Royal le 9me jour du mois d'août, l'an mil huit cent trente.

Signé du roi, des présidens, vice-présidens, secrétaires de la chambre des pairs, de la chambre des députés, du commissaire provisoire au département de l'intérieur, du commissaire provisoire au département de la justice.

Il n'existe pas dans nos annales d'exemples de l'abdication d'un de nos rois. L'on ne peut découvrir dans nos chronologistes aucun document qui aide à préciser dans quelle forme doit être rédigé un acte de cette nature; mais nos lois fournissent des moyens suffissans pour en apprécier la valeur.

Chaque règne fournit une preuve que tout ce qui émane du monarque et est destiné à recevoir un caractère d'authenticité doit nécessairement être libellé dans telle ou telle forme. Ainsi l'acte de renonciation de Philippe V à la couronne de France, l'acte de renonciation de Louis-Philippe d'Orléans à la couronne d'Espagne, l'acte d'autorisation donné par Louis XIV à son petit-fils, à son neveu pour consommer les résolutions arrêtées, sont conçus en termes formels, spéciaux et non interprétatifs. Si on lit l'acte d'abdication de Charles-Quint, on y reconnaît toutes les précautions, toutes les stipulations rigoureusement nécessaires à une telle mesure.

On le demande: dans quelle nature d'actes officiels peut-on classer le titre daté de Rambouillet le 2 août 1830. Ce titre contient en quatre lignes les clauses d'une abdication, celles d'une renonciation et la condition d'un avénement au trône de France. Comment le qualifier ce titre, auquel il manque toute la rédaction essentielle pour en valider les termes énonciatifs?

Dans son ensemble, il contient deux dispositions qui ne peuvent se lier pour former union intentionnelle. Une abdication y est prononcée par le possesseur du trône, une renonciation y est consentie par l'héritier présomptif de la couronne; une disposition *en faveur*, y est stipulée à l'égard d'un prince dont le droit se trouve être acquis si les deux résolutions énoncées sont valables.

Chose plus remarquable encore, le prince héritier du trône qui fait le sacrifice de ses droits, le déclare par sa simple signature; il n'a pas même écrit *j'approuve*.

Hé quoi, aux termes des lois du pays, deux conjoints ne peuvent énoncer dans un seul et même acte leurs dispositions dernières; et pour une mesure contre laquelle la couronne a droit de réclamer, pour une mesure que ses grands officiers, ses conseillers nécessaires, auraient été dans l'impossibilité morale d'accepter, une simple missive serait déclarée remplir les conditions suffisantes.

Non, la France ne peut le vouloir, le prince qui a présenté ce titre, n'a jamais eu que la pensée de s'en faire un moyen pour sauver le trône des fureurs des partis.

Le petit-fils du frère de Louis XIV en saisissant le sceptre que tinrent ses ancêtres, s'est donné la faculté de le rendre à son possesseur légitime, et cette gloire est digne d'un Bourbon.

Si le titre infirme l'abdication, il justifie l'intention du monarque qui a puisé dans son âme, le moyen de sauver son pays des malheurs d'une guerre civile.

Pour prouver l'exactitude de cette assertion, il suffira sans doute de démontrer que les événemens tumultueux de 1830, ont été de la même nature, qu'ils n'ont fait que renouveler les moyens mis en usage lors de l'émeute qui eut lieu en 1588, sous Henri III. Si l'on reconnaît qu'il y a eu similitude d'action, il faudra dès lors avouer qu'il pouvait aussi y avoir similitude de conséquence.

« Ce fut par un mouvement populaire « que les séditieux annoncèrent l'existence « de la ligue, et dévoilèrent leurs intentions. « Ce mouvement eut lieu à la fin de mai 1588; « M. de Guise se sentant fort des Pa- « risiens, se rendit dans la capitale.

« Deux jours après le roi ayant été averti « certainement, qu'incessamment il arri- « vait beaucoup d'étrangers et inconnus « dans la ville, et jusqu'en si grand nombre « que pour en faire les recherches néces- « saires il fallait plus de forces par les mai- « sons, pour accompagner les quartiniers « qu'on avait coutume.

« Pour tenir main forte, sa majesté voulut « faire avancer quatre mille Suisses et son « régiment des gardes qu'il fit entrer dans « la ville, dès les cinq heures du matin. Et

« départir aux principaux quartiers, comme
« en Grève, Sts.-Innocens, pont St.-Michel,
« etc. etc. Ce qui apporta incontinent grand
« étonnement aux habitans et au peuple parmi
« lequel un mauvais bruit courait que l'on
« voulait mettre garnison dans ladite ville,
« et punir quelques principaux bourgeois.

« M. de Guise entendant que les-
« dites troupes étaient entrées en place, se
« doutant que cela fût contre lui,... il en-
« voya quelques gentilshommes des siens
« pour faire entendre aux habitans l'extrême
« danger où ils étaient, et les moyens qu'ils
« devaient préparer pour y remédier; et de
« fait on vit incontinent par la ville lesdits
« gentilshommes assistés de quelques menus
« peuples, de plus, incendiaires, commen-
« cer à former et à retrancher les rues de
« barricades, puis peu à peu forcer les habi-
« tans à piocher leurs maisons et y faire
« grande provision de pierres pour les jeter
« par les fenêtres. Tellement que sur l'après-
« midi dudit jour Jeudi, qui était l'heure
« où les esprits échauffés de vin, s'animaient
« davantage, les troubles et la rumeur furent
« si grands, que, s'étant par hasard trouvé
« un simple habitant tué, ou par les troupes

« du roi, comme on le disait au peuple, ou
« par un de ses compagnons même qui
« voulut décharger son arquebuse; les habi-
« tans, presque tous armés et barricadés, se
« jetèrent en foule sur lesdits Suisses, qui ne
« se mirent en aucune défense, et en fut
« en un instant, tué ou assommé, quarante
« ou cinquante... Le lendemain du grand
« matin tous les habitans de plus en plus
« animés, se remettant en armes aux
« mêmes barricades qu'ils avaient faites
« jours précédens, ils les augmentèrent et
« fortifièrent de tout leur pouvoir. Quelques-
« uns allèrent exciter les écoliers de l'Uni-
« versité de prendre les armes, ce qu'ils
« firent avec une telle furie, que sur les deux
« heures de l'après-midi, ils se mirent à
« sonner le tocsin de tous les côtés, et faire
« un grand amas de gens armés pour faire
« quelques entreprises, ainsi que leur indis-
« crétion les faisait s'y adonner.... Le roi de-
« meura aux Thuilleries, jusqu'à cinq heures,
« où on vint encore lui affirmer la conti-
« nuation de cette fureur populaire, et que
« sans doute le peuple se résolverait à l'y
« venir forcer, où il n'y aurait eu lieu de
« résister à telle fureur. Cela fit résoudre le

« roi à monter à cheval. D'abord il fut indé-
« cis où se retirer, mais d'après l'avis de
« quelques serviteurs qui l'avaient suivi,
« s'étant procuré des chevaux comme ils
« avaient pu, sa majesté se rendit à Chartres.»

Que l'on change le nom du chef qui dans ces temps porta les Parisiens à la révolte, que l'on y adjoigne ceux de quelques principaux meneurs, que l'on transporte la date de ces mouvemens, et l'on reconnaîtra que les deux événemens ont eu les mêmes mobiles.

Henri III, Charles X, se sont trouvés également dans une position funeste.

Que de malheureux événemens ont été les suites du mouvement séditieux dirigé contre Henri III. Combien les Parisiens ont eu à gémir de s'être livrés avec transport aux suggestions aussi déloyales que perfides, de certains ambitieux, de quelques intrigans, d'avides spéculateurs. Pour éviter le retour de ces temps si pleins de calamités, Charles X a voulu laisser à Dieu à décider de sa cause. La lettre de Rambouillet a été résolue, et par ce moyen évitant l'effusion du sang, ce monarque a mis entre lui et les factieux le pouvoir du temps.

Que pouvait-il arriver, si au lieu de s'arrêter à cette résolution magnanime, le petit-fils de Henri IV eût sorti l'epée du fourreau? Si s'emparant des positions environnantes de sa capitale, il eût fait appuyer son artillerie par des colonnes d'infanterie? S'il se fut fait précéder de cette garde qui venait de déployer tant de courage, et se montrer si noble de fidélité; si à la tête de sa cavalerie, de cette gendarmerie qui avait tant d'insultes à venger, il eût refoulé sur elles-mêmes ces masses, qui n'offraient qu'une force trop inerte pour soutenir et opérer une défense régulière.

Que les Parisiens ne s'aveuglent pas, ils ont dans l'enceinte de leur ville, une cause de ruine: tôt ou tard ils se verront les victimes de leurs systèmes d'émeutes. Plus le mouvement sera considérable, plus les dangers s'aggraveront sur eux.

Sans chercher à démontrer quel nombre considérable de troupes est rigoureusement nécessaire pour assurer la conservation de ces grands établissemens de l'administration générale, il suffit d'établir un fait incontestable. Paris n'offre aucuns moyens pour assurer la défense de l'établissement situé au quartier Saint-Victor. Ce Cellier immense qui contient plus de cent mille pièces de vin, ou eaux-de-vie est réellement une halle ouverte, située à la gorge de ces deux faubourgs, où logent ces champions d'émeutes plus réellement dangereux pour ceux qui réclament leur appui, qu'ils ne sont redoutables pour ceux contre qui ils se prononcent. Les fossés de la Bastille durent être creusés par mesure des chefs de factieux, pour maintenir ceux qui avaient aidé à l'exécution de leur mouvement séditieux.

Lors des derniers événemens, a-t-on pu empêcher le sac des Tuileries? La perte qu'a essuyée et le trône et les princes, s'élève à plus de trois millions. On a trouvé plus de gens morts ivres, dans les caves de St.-Cloud, qu'il n'a été possible de réunir d'hommes armés au haut de la montagne de Virofley.

Mais pourquoi toujours des malheurs! n'existe-t-il pas un moyen plus français, pour se mettre à l'abri de ceux qui peuvent naître de la position actuelle? Que les hommes raisonnables s'unissent pour s'opposer aux exagérations. Que tout ce qui a trait à la révolution de Juillet soit annulé. Charles X s'est dévoué pour son peuple, il a droit au titre de père de la patrie. Il est de la nature des cœurs français de revenir aux nobles sentimens, par le pouvoir du souvenir.

En vain des hommes qui ne peuvent se fuir à eux-mêmes, s'attachent à entretenir des craintes; en vain ils analysent les dangers d'une réaction, leurs efforts doivent s'annuler contre le faisceau de l'évidence.

Le monarque qui a su se vaincre assez soi-même, pour se montrer exempt de ressentiment contre les bourreaux de son frère, contre les assassins de son fils, a suffisamment donné la preuve à tous, que la longanimité est sa vertu naturelle.

Charles X a droit au trône de St.-Louis, Charles X a droit au tombeau de ses pères. Lui refuser sa vie est un crime, lui refuser sa mort serait un sacrilége.

Il ne m'appartient pas de démontrer combien de motifs réclament pour que la France ne soit pas privée du règne du successeur naturel du roi. Le prince qui dans les circonstances les plus difficiles a su forcer ses ennemis à lui vouer leur estime, n'a pas besoin qu'on trace l'ensemble de ses grandes qualités.

Cependant il est un fait dont on ne

peut taire la vérité. C'est à monsieur le Dauphin que les provinces méridionales sont redevables de n'avoir pas été occupées par les troupes étrangères en 1815. Ce fut monsieur le duc d'Angoulême qui, sans se faire appuyer d'aucun corps de troupes, sut faire rentrer sous l'autorité du roi légitime, des provinces que des généraux (soit par sentiment de haine, soit par humeur de l'esprit de parti) s'efforçaient de faire persister dans un système de révolte. A cette époque, des Pyrénées aux Alpes, du Gave à la Durance, la conduite du prince réveilla tous les sentimens heureux. Toulouse reprit le calme de la confiance, Bordeaux cessa de gémir, Marseille tressaillit de joie, Bayonne devint le champ des lis, Cette se glorifia de voir ses remparts baignés des eaux de la mer. Ce prince a appris à l'armée à le connaître; les autorités civiles, judiciaires ont pu l'apprécier. Bravoure, impartialité; justice, équité, sont les qualités qui prouvent le caractère de l'héritier du trône.

Que les Français reportent leurs regards sur cette bannière des lis, qui dès les premières années de la monarchie devint pour leurs pères le signe du ralliement.

On veut qu'ils adoptent l'hiéroglyphe des Gaulois; mais cette mesure n'a d'autre effet que de tenir le drapeau serré dans son étui. Le coq est l'emblême de la fleur de lis, c'est le seul animal à qui la nature en ait incrusté une dans l'intérieur de la tête. Selon Vigenere, selon Pierre Grégoire, « la cervelle « d'un coq cuite entière, nette et sans fracture, représente d'un côté un crapaud, et « de l'autre une fleur de lis». Cet avis est rapporté par de Laroque dans son Traité du Blason, chapitre 6.

Les lis seront tonjours pour la bannière de la France, ce qu'est le panache blanc pour la parure du guerrier. Les lis tracent les routes de la victoire, le panage blanc maintient sur la voie de l'honneur. Que ces insignes *reparaissent*, *l'armée, les populations des campagnes et des villes ne bougeront pas.*

MONARCHIE DE LA BRANCHE CADETTE DES BOURBONS.

Ce qu'on possède aujourd'hui est un je ne sais quoi qui n'est ni république, ni monarchie, ni légitimité, ni illégitimité. Cette pensée peut être juste jusqu'à un cerain point, elle est définie, mais elle n'est pas complète. Que l'on admette la possibilité intentionnelle, et alors on pourra penser que le prince qui est à la tête de l'État, est l'ancre de l'espérance, destiné à empêcher le vaisseau de la monarchie d'être englouti dans l'abîme de malheur où l'a poussé la révolution de juillet.

Sans entrer dans une discussion contradictoire, sans chercher à préciser la différence à établir entre ces expressions, *un roi élu*, ou *un roi accédant au vœu*, il faut s'arrêter à la situation réelle. Le prince est, donc il est. A lui seul appartient d'approfondir ce qu'il sera, la postérité prononcera ce qu'il aura été.

Revenant toujours à son opinion d'une monarchie élective, M. de Châteaubriand établit, que ce qui est actuel pour les Français, *est une quasi-chose qui tient de tout et de rien.* Peut-être aurait-il dû définir ce qu'il entend par *tenir de rien.* Figaro dit très-sensément, on est toujours le fils de quelqu'un. Une situation quelconque est nécessairement et toujours l'effet d'une cause, et assurément la position présente est un accident né de beaucoup de causes.

Le meilleur moyen pour ne pas donner

à ces causes le caractère *d'un jour sans veille et sans lendemain*, véritable attribution de l'éternité, c'est de s'arrêter à la conviction, que toute innovation ne peut que faire naître des dangers; ce qui loin de ne tenir de rien, tiendrait par trop de quelque chose.

C'est précisément en raison de ce que la situation est réellement une chose, et que cette chose est hérissée d'embarras, de difficultés, qu'il faut s'éloigner du passé et se rapprocher de l'avenir.

La dynastie des Bourbons est toujours sur le trône, la France possède donc encore tous ses moyens de conservation. Charles X a consenti, dans l'intérêt de son peuple, au plus pénible voyage; que le vœu général le ramène au sein de la patrie.

INTÉRIEUR.

On s'est dit: *il y avait autrefois un roi sous lequel on jouissait d'une des constitutions les plus libres* qui fussent au monde, malheureusement *le roi ne voulait point de cette constitution.*

Il est permis d'ignorer de qui est venue l'idée de ce *on s'est dit*; mais personne ne peut douter que Charles X, parvenu au trône, ne se soit montré le conservateur de la Charte.

Ce passage de son discours prononcé à l'ouverture des chambres lors de la session de 1828, demeurera pour la postérité un témoignage authentique de la droiture de ses intentions.

« Voulant affermir de plus en plus dans mes
« Etats la Charte qui fut octroyée par mon
« frère, et que j'ai juré de maintenir; je veille-
« rai à ce qu'on travaille avec sagesse et ma-
« turité à mettre notre législation en harmo-
« nie avec elle. »

Ce fut lors des discussions sur l'*adresse* relative à ce discours, qu'on put s'apercevoir combien les esprits portés à un système d'opposition gagnaient en hardiesse et s'attachaient à se créer des chances de succès.

Qui pourrait soutenir que Charles X ait cessé de rester sous l'empire des liens de son serment, de sa parole jurée? Qui entreprendrait de le démontrer par des voies légales? Quels actes émanés du pouvoir souverain prouvent que le monarque ne voulait pas de la constitution. Mais chercher à modifier des dispositions d'un acte qui porte dans son texte une autorisation d'être interprêté, ce n'est pas le déchirer.

Les Anglais, de qui nos législateurs actuels et les novateurs veulent se montrer les imitateurs, ont-ils fait aux rois successeurs du souverain qui leur avait octroyé la grande Charte, un crime d'y avoir voulu faire des changemens ou d'en avoir exécuté. Voilà ce qu'ont transmis à ce sujet les historiens les plus rapprochés de l'époque: Mathieu Paris, David, d'après Beda : « Cet acte, le plus auguste diplôme de la liberté, du droit « politique des Anglais, cet ancre sacré du « vaisseau de l'Etat, octroyé par Henri III, « la neuvième année de son règne, en 1225, « la loi ordonnée par lui appelée *Magna* « *Carta*, et *Constitntions de Metton*, quasi « faite en parlement tenu en icelle ville, a « été modifiée par Edouard Ier, et confirmée « de nouveau par ce prince, la vingt-cin- « quième et vingt-huitième année de son « règne. »

Dans Ducange on lit : « Magna Charta « augustissimum anglicarum libertatum di- « ploma, et sacra anchora, condita pro ut « extat hodie in libris juridicis anno 9 Hen- « rici III et confirmata denuo annis 25 et

« 28 Edouardi, inter regni constitutiones « (quas statuta nuncupamus) prima est. »

Il serait superflu de suivre une dissertation pour démontrer de quel côté est provenue l'erreur, ou du fait des ordonnances, ou de la dénégation du droit. Le temps et les réflexions ont déjà éclairé les esprits les plus prévenus. L'écrit de M. de Peyronnet, quant à tout ce qui a rapport à la procédure suivie et au jugement intervenu est demeuré sans réponse. L'opinion publique se prononce sur cette trop malheureuse affaire, et les mêmes hommes qui avaient écrit avec le plus d'emportement, sentent le besoin de se rétracter sur les motifs d'accusation.

M. de Châteaubriand se montre dans ses écrits constamment épris de la liberté de la presse, c'est l'être idéal dont il se déclare le défenseur. Mais pourquoi n'entreprend-t-il pas de démontrer quelles peuvent être réellement les justes prétentions de cette liberté? jusqu'où s'étendent les limites du champ qu'elle peut parcourir? à quel caractère peut-on discerner que la licence n'est pas cette liberté, et que cette liberté n'admet pas la licence? Si ce qui se passe maintenant est uniquement du domaine de la liberté de la presse, il faut alors en convenir, les extrêmes la vivifient. Elle attaque tout ce que les hommes vivant en état de société ont adopté pour assurer la conservation de tous. Elle s'attache à pousser les imaginations au délire; elle combat de front la religion, la morale, ou blesse impunément la pudeur, elle se montre satyrique envers la réserve de la raison. Que peut hasarder de plus la licence ?

Sans entreprendre de justifier des écarts plus ou moins marquans, il faut cependant l'avouer, il est des difficultés de circonstances qui peuvent amener l'administration à s'égarer dans ses propres moyens. Lorsque le désordre est porté à tel point, que les autels ne sont plus reconnus chose sacrée, lorsque les magistrats, sur leur siége, sont obligés de dissimuler l'insulte, lorsque publiquement on peut se glorifier de la perversion, il est presque impossible au pouvoir de se tenir dans les routes tracées. Quelquefois aussi, les faits que l'on impute à des résolutions collectives, ne sont que des actes de volonté personnelle. Assurément l'acte de vandalisme ordonné pour être exécuté à froid, dans le cachot de la Conciergerie, ne peut être imputé à une administration dirigée par un Bourbon.

EXTÉRIEUR.

Assurément je me garderai bien de suivre le pélerin au vieux bâton, dans l'excursion qu'il fait sur le terrain des puissances étrangères. Le diplomate duquel on a dit, pour considérer l'Europe il pose ses pieds sur un monticule de sable et porte sa tête jusque dans les nues, doit nécessairement avoir des vues très-élevées. Me bornant donc à examiner sous des rapports généraux le sujet que je traite, je prétends que vouloir marcher de système en système, c'est par trop donner à l'incertitude, et que dès lors il est raisonnable de désirer que le règne des novateurs en politique, en morale, finisse. Que des nations cessent d'être, que d'autres naissent, grandissent aux dépens des premières, c'est une nécessité qui se forme de la marche des peuples dans les routes de la civilisation. Il est bien permis sans doute de regretter les disparitions, mais vouloir tenter des entreprises par trop périlleuses pour empêcher un tel résultat, c'est battre l'eau d'un fleuve pour retarder son cours.

Congrès national.

C'est vouloir se hasarder à faire chemin dans les sentiers d'un labyrinthe inextricable, d'établir en principe que la souveraineté du peuple est une condition virtuelle des hommes réunis pour vivre dans l'état de société. « S'il est vrai, comme on ne peut « le contester, que Dieu ait fait l'homme « pour être gouverné, » il s'ensuit nécessairement que, dans sa sagesse infinie, il a déterminé quelle forme de gouvernement est nécessaire pour le maintien de l'ordre parmi chaque peuple.

Un pacte social n'est qu'une condition première qui obtient sa puissance de la nécessité qu'éprouvent des hommes d'entrer dans un état constant de civilisation. Comme au moment où cette résolution est proposée, la faculté de volonté individuelle reste entière, il est incontestable que chacun d'eux est libre d'accepter ou de ne pas accepter les dispositions à établir. D'où il suit nécessairement que toute disposition acceptée n'est que le résultat, l'expression d'un consentement unanime et par sa nature immuable.

A l'époque où Clovis voulut faire de l'armée composée des Francs, un corps de nation, il les porta à prononcer que la forme de leur gouvernement serait monarchique, que la religion chrétienne serait la religion de l'Etat, que le droit à la couronne serait héréditaire. Toute l'armée ne consentit pas à adopter ces résolutions. Plusieurs préférèrent à s'en séparer, ils se retirèrent au-delà de la Somme. Cette action des dissidens, contribua à faire reconnaître comme fondamentales les conventions qui furent adoptées, il y eut en quelque sorte alors homogénité de volonté.

La nation française ainsi formée, les générations qui se sont succédées sont nécessairement entrées dans les conditions établies. Comme il ne peut plus y avoir une expression de volontés absolues, puisque le passé et l'avenir n'offrent pas entr'eux un point de contact immédiat, il demeure incontestable que les générations existantes n'ont pas le droit de dire: ce que nous avons reçu de nos devanciers, nous ne le voulons pas transmettre à nos descendans. S'il était possible qu'il en fût autrement, la conservation d'aucune famille ne serait assurée, il n'y aurait plus de garantie sociale. Toute idée de réunion d'un congrès national pour opérer un changement de pacte social, n'est réellement qu'un écart d'imagination qui blesse les vrais principes de l'ordre social.

Jamais, à aucune époque, les États généraux ne se sont crus en droit de changer le pacte fondamental. Tous ont reconnu que l'entreprendre, serait vouloir briser l'arche sainte. Les États de la ligue, l'assemblée constituante, n'ont fait que des actes de révolution en voulant changer l'antique système monarchique de la France.

Ce n'est pas se renfermer dans l'exactitude des faits, d'avancer, *que des élections générales eurent lieu, qu'un parlement assemblé sous le nom de convention, après avoir examiné la question sous toutes les faces, décerna la couronne à Guillaume et à Marie, l'un gendre, l'autre fille de Jacques*. La révolution d'Angleterre de 1688, ne peut être réputée un événement de sédition populaire. Le projet de détrôner Jacques II, se liait à des combinaisons de haute politique. Les Hollandais l'adoptèrent comme moyen puissant de résister à Louis XIV. Le manifeste remis par décision des Etats, aux ambassadeurs des différentes puissances en est une preuve irréfragable. Le succès de l'entreprise aplanit les difficultés de s'emparer du trône, et lorsque le roi légitime envoya dire au prince d'Orange, « qu'il convoquerait un « parlement libre pour le mois de janvier « suivant, le vainqueur se contenta de ré- « pondre, qu'il allait se rendre à Londres et « qu'il ne convenait pas que son beau-père « et lui s'y trouvassent ensemble. » Dès ce jour, la question fut décidée, et celles qui furent traitées postérieurement par le parlement ou convention, n'eurent rapport qu'aux conditions auxquelles Guillaume et Marie seraient admis à occuper le trône.

L'on peut considérer la révolution d'Angleterre de 1688, comme un événement opéré de puissance à puissance. La révolution française de 1830, est un événement qui reste en dehors de toutes les combinaisons, il ne peut être comparé qu'avec lui-même.

Une particularité assez remarquable, et qui dans la suite pourra aider à qualifier de machination, ce désordre; c'est que les trois journées de Juillet se composent réellement de quatre jours. Le Moniteur, dans plusieurs de ses numéros qui parurent alors, répète dans ses articles officiels, les glorieuses journées des 26, 27 et 29 Juillet. Cette lacune du 28, suffit pour spécifier que l'événement de Juillet se compose de deux mouvemens; celui de la révolte, celui de la révolution, l'un est terminé, l'autre est encore dans toutes les irrégularités de ses paroxismes.

M. de Châteaubriand reconnaît que la légitimité était en France un ouvrage de mille ans, il aurait pu dire, de plus de quatorze cents ans, car le principe date de l'établissement de la monarchie. Mais sans entrer dans une discussion de chronologie, qu'il soit permis de lui faire cette demande. Pourquoi veut-il se prononcer contre l'autorité des temps et des choses? Pourrait-il se faire qu'il reconnût pour valables, ces actes d'abdication, de renonciation, donnés dans un moment où la force comprimait toute action de libre mouvement, d'entière volonté? Il est possible que telle soit sa pensée, mais on peut croire que, malgré tous ses talens comme diplomate, toutes ses connaissances de l'histoire, dans la littérature idéale, il ne parviendrait pas à la prouver juste. Aussi long-temps qu'il ne demeurera pas démontré que le roi Charles X, que son successeur direct sont morts au trône; y élever même monseigneur le duc de Bordeaux, ne sera jamais que consacrer une quasi-légitimité. Ni la possession obtenue par le concours d'un congrès national, ni l'exercice du droit, fut-ce durant un quart de siècle, ne fonderaient suffisamment le titre.

Dans la situation actuelle des choses, rien n'est à examiner, mais tout est à considérer, comme contenant en soi la nécessité d'être annulé. Laisser faire une chose, n'est pas y consentir.

Tous ces sentimens que l'espérance adopte, qu'elle alimente, peuvent et doivent environner le duc de Bordeaux; mais aucun Français ne peut dénier au roi Charles X, à l'héritier présomptif de la couronne, ce qui est de toute justice, le sentiment du devoir.

Avant d'aborder les questions de la vente des biens, et du bannissement de la branche aînée des Bourbons, je tiens à convaincre l'écrivain auquel je me montre opposé qu'il s'accuse, en voulant se faire un mérite. Vingt fois *j'ai dit à Louis XVIII que je voudrais voir le duc de Reischstadt capitaine de ses gardes, et la statue de Napoléon replacée au haut de sa colonne*, l'idée de faire du petit-fils de l'empereur d'Allemagne, le capitaine des gardes d'un roi de France, peut être excusée, elle tient du grotesque; mais le desir de voir la statue de Napoléon, empereur, placée au haut de sa colonne, comment M. de Châteaubriand a-t-il pu s'y livrer? Comment ne s'est-il pas aperçu que le roi, en gardant le silence, voulait le contraindre à se rappeler que comme ministre, il avait contresigné des ordonnances qui par leurs dates de règne, constituaient l'impossibilité de la chose.

J'ai entendu assurer plus d'une fois, que Louis XVIII qui voulait « lier le passé au présent, » pour mieux assurer la conservation de la colonne, monument de gloire des armées françaises, avait formé le projet d'en faire élever une retraçant les campagnes du maréchal de Turenne; ce monument aurait été surmonté de la statue de ce grand capitaine, alors on aurait enrichi la colonne de la place Vendôme de la statue de Napoléon, en costume de général; par ce moyen la gloire n'aurait pas aidé à mettre le *fait* en présence du droit.

M. de Châteaubriand a-t-il vu à Rome des statues d'anti-papes décorer les monumens publics?

DE LA PROPOSITION DE M. BAUDE.

Assurément je ne me hasarderai point à démontrer à quel point cette proposition est entachée de cynisme. Quoiqu'elle ait été prise en considération et motivée une décision, l'effet qu'elle a généralement produit sur les différentes classes de la société a suffisamment prouvé qu'elle n'avait satisfait que les hommes à esprit de parti.

Mais ce que je n'hésite pas à avancer, c'est que cette proposition soulève une question immense et de premier ordre. Ce serait par trop abonder en son sens, que de vouloir justifier une telle mesure, en lui adaptant un point de comparaison. Quand les différences sont immenses, vouloir établir des rapprochemens ce n'est que faire ressortir l'erreur.

Pour analyser même très-succinctement tout ce qui se rattache à la disposition proposée, force serait de traiter le sujet dans un mémoire spécial. Ce serait trop sortir des bornes de la polémique, d'en surcharger le présent écrit. Il faut donc se restreindre à faire apercevoir combien de réclamations fondées, combien d'objections pourraient être produites avec avantage, si l'on faisait de cette question un point de discussion de droit.

La première mesure qui dans les temps a prescrit la réunion des biens du prince à la couronne, n'a point été adoptée en vertu des lois du royaume ; jamais elle n'a été pratiquée sous nos rois de la première et de la seconde race. La preuve s'en tire de cette disposition. « En 863, Charles-le-Chauve, « peu après le mariage de Judith de France, « sa fille, qui, veuve d'Adolphe, roi d'An- « gleterre, avait épousé à l'insu de son père, « Baudoin dit Bras-de-Fer, en 862, lui donna « en dot la Flandre qui comprenait l'Artois, « il érigea ce pays en comté héréditaire en « leur faveur, et en celle de leurs descendans « (sans distinction) à la charge de foi et « hommage envers la couronne de France ; « de sorte que l'on peut regarder Baudoin « Bras-de-Fer comme le premier comte de « Flandre. » La Flandre n'était pas soumise à faire retour à la couronne.

Hugues-Capet qui, duc de France, était le plus puissant propriétaire de l'État, lorsqu'il parvint à la couronne, doit être réputé l'auteur du principe de la réunion, et le fondateur du domaine non transmissible, non héréditaire. Ce monarque jugeant que son fils destiné à être son successeur verrait sa puissance affaiblie si ses domaines étaient partagés, rendit un édit par lequel il déclara tous ses biens réunis et acquis à la couronne. De ce moment ces biens furent réputés inaliénables à perpétuité.

La marche des siècles, l'assentiment des Etats-généraux itérativement prononcé, a donné à cette disposition le caractère d'une loi de l'Etat. Il faut observer que cette loi n'a pas assujetti à ses rigoureuses dispositions les grands vassaux possesseurs et propriétaires des grands domaines. Il est incontestable que postérieurement au règne de Hugues-Capet, et à celui de Robert, plusieurs arrière-fiefs dépendant des duchés de Bourgogne, de Normandie, de Guyenne furent détachés du domaine principal et concédés à des cadets de maisons, ou aliénés à titre de dot de mariage à des filles, que d'autres, devinrent le patrimoine de certaines églises, furent accordés à titre de don à de grands monastères, que plusieurs de ces domaines se sont fondus dans des héritages particuliers, sans que le retour à la couronne ait jamais été opéré. Ces faits sont si notoires qu'il serait superflu d'en prouver l'exactitude par des citations. Sans suivre la marche du mouvement héréditaire introduit en France depuis le dixième siècle, sans tirer avantage des irrégularités introduites dans cette législation depuis le premier roi de la troisième dynastie, jusqu'au règne de François Ier, il faut admettre comme première époque d'un système régulateur sur cette matière, l'ordonnance de 1539 relative au domaine de la couronne. Peut-être est-il réellement important de faire remarquer que, lorsque cette ordonnance parut, lorsqu'elle dût être enregistrée au parlement, le roi de Navarre et la dame de Nevers s'y montrèrent opposans, alléguant qu'ils bailleraient une requête.

Tous les monarques qui se sont succédés depuis François Ier jusqu'à Louis XVI ont rendu des édits sur cette mesure; soit pour constituer des apanages, soit pour faire des donations aux puînés, soit pour autoriser des ventes d'objets *parcellaires*, soit pour consentir à des échanges ou à des conversions à charge de rentes. Ainsi l'on peut démontrer que diverses circonstances ont donné lieu à différentes modifications. Mais il est une condition réputée immuable et à laquelle on ne peut se soustraire. Vouloir la nier, c'est déclarer que le système révolutionnaire doit tout prédominer.

La résolution de Hugues-Capet, cette résolution impérative pour ses successeurs, ne fut jamais qu'un acte réciproquement obligatoire. Cet acte dans sa disposition intentionnelle détermine que l'héritage de la couronne, sera nécessairement transmis par droits successifs à l'héritier légitime le plus proche en ligne directe, et à défaut en ligne collatérale.

Ainsi annuler ce principe, c'est annuler l'assujettissement qu'il prescrit. Sur quelle loi pourrait-on s'appuyer, de quelle volonté morale pourrait-on se créer un titre pour s'autoriser à dire aux héritiers légitimes de la couronne à titre de possession : nous voulons que vous n'apparteniez plus au trône, et nous nous opposons de plus, à ce que d'aucune manière vous puissiez prétendre à ce patrimoine ; à ces biens qui cependant seraient réellement votre propriété si vos aïeux n'eussent pas été les souverains de nos pères. Que de réponses pourraient être péremptoires contre une fallace de telle nature.

Dans son principe vrai, qu'est-ce que la réunion au domaine de la couronne des biens possédés avant l'avénement au trône? Ce n'est autre chose qu'une disposition de libéralité conditionnelle faite par un donateur à un donataire.

Si le donataire ne tient pas ses obligations, le donateur peut-il être contraint à maintenir l'acte émané de sa propre volonté? *A différentes distances dans les temps*, Charles X est dans la position première de Hugues-Capet, il est le donateur réel, et la conduite du donataire à son égard lui donne tout droit de revendication. En vain dirait-on, mais comment Hugues-Capet était-il devenu propriétaire? Par tel moyen que ce fût on n'en peut arguer. Ce duc de France était propriétaire incommutable comme ses pairs l'étaient des autres grands domaines, lorsqu'après son avénement au trône, il s'est librement créé donateur au profit de la couronne. Aucune loi du royaume ne lui imposait la disposition qu'il s'est prescrite.

Pourrait-on présenter comme moyen sérieux que les biens réunis ne peuvent plus être distraits; mais en admettant pour valable le dire, encore restera-t-il à établir de quel droit vous vous prévalez pour joindre à la possession du fonds, la jouissance des revenus.

La possession d'un fief n'a jamais affranchi des servitudes, et l'aîné de la famille reconnu propriétaire, ne l'a été qu'à la condition de la légitime à ses cadets.

Les rois de France n'étaient-ils pas obligés de pourvoir au lustre de la famille? L'ordonnance de Henri III rendue durant la tenue des premiers États de Blois en 1559, ne porte-t-elle pas que le souverain pourra distraire une partie du domaine de la couronne, pour apanager les princes, à la charge de retour lignée venant à défaillir. L'apanage de la branche d'Orléans consenti, réglé, formé par Louis XIV en faveur de son frère et sa descendance masculine, ne prouve-t-il pas que la couronne a ses servitudes.

Ce ne sera pas une des choses les moins remarquable de l'époque actuelle, que cette résolution qui tend à consacrer que la branche cadette qui parvient à la couronne, conservera en faveur de ses membres la possession des biens faisant partie du domaine de la couronne, et qu'au détriment des droits des princes de la branche aînée, elle jouira des revenus de propriétés qui au moins fictivement appartiennent à eux et à leur descendance.

A quel titre le gouvernement s'empare-t-il du domaine de St.-Cloud? Jamais il n'a été réuni à la couronne. Erigé en duché-pairie en 1674 en faveur de l'archevêque de Paris du Harlai. « Le château en a été bâti « par le duc d'Orléans, frère de Louis XIV, « sur un terrain où était ci-devant les maisons « de MM. Fouquet, d'Ervard, et Moncrois. » Sans énumérer ses divers possesseurs, il est incontestable qu'au moment de la première révolution, ce domaine était considéré comme une propriété de la reine Marie-Antoinette. Madame y a donc un droit réel à titre d'héritière de sa mère. Si la princesse a consenti à en laisser la jouissance aux deux rois ses oncles, le consentement verbal ou tacite, ce procédé de respectueuse condescendance peut-il fournir un titre contre le droit de propriété? En vain dirait-on que ce domaine a été acheté des fonds fournis par Louis XVI. En admettant cette assertion plus ou moins exacte, cette acquisition n'ayant eu lieu que vers l'année 1786, il n'y pas eu possession décennale jusqu'à la mort du roi.

A ces observations générales, il faut joindre une question de propriété qui intéresse également tous les membres de la branche aînée des Bourbons, dans les lignes masculines et dans celles des femmes. Le droit héréditaire est entier pour tous, vu que la loi du pays n'établit pas de distinction. Cette question est relative aux biens qui font partie du domaine de la couronne de Navarre. Henri IV parvenant au trône de France, n'a jamais réuni son héritage, ses biens de Navarre, au domaine de la couronne: ainsi tous les domaines situés en Navarre, en Béarn sont réellement une propriété des Bourbons. Dans un écrit publié assez récemment, sous ce titre: *des droits de madame de France, fille de Louis XVI, à la couronne de Navarre*, cette assertion a eté présentée appuyée de documens qui aident à résoudre la question.

DE LA PROPOSITION POUR LE BANNISSEMENT DE CHARLES X ET DE SA FAMILLE.

Sous quel rapport envisager cette proposition? A quelle combinaison politique peut-elle être rapportée? Dans quel but veut-on qu'elle soit convertie en loi? Est-ce la soif de la vengeanee, qui en a inspiré la pensée? Est-ce le désir de faire un acte de souveraineté populaire, qui a déterminé des hommes à esprit de parti, à s'en montrer les plus chauds partisans.

Plus la raison s'occupe de cette proposition, moins elle se peut convaincre de son motif.

Les événemens révolutionnaires de Juillet ont placé Charles X et la branche aînée des Bourbons dans une position qui ne peut être modifiée que par deux conditions : ou les Français sentiront qu'ils sont victimes d'un mouvement séditieux accompagné d'actions par trop irréfléchies, ils reconnaîtront combien ils sont redevables à leur roi de les avoir soustraits aux suites funestes de leur propre aveuglement, et alors ils provoqueront son retour et celui des siens; ou les provinces se divisant d'opinion, les unes auront une volonté contradictoire à celle de quelques autres, et alors le sort des armes décidera la question. La France aussi aura sa rose blanche, et sa rose tricolore.

En 1420, un parlement factieux réuni à Troyes, soutenu d'un fort nombre d'habitans de cette ville, accueillit cette proposition de Hustache de Laître: « le Dauphin, fils de « Charles VI, est dégradé, déclaré incapable « de succéder au royaume. Lui et les adhé- « rens ou fauteurs excommuniés, agravés et « réagravés cloches sonnantes, puis *bannis* « *ad tempus.* »

A quoi cette mesure a-t-elle abouti? A faire peser sur la France un trop long temps de calamités; puis à faire donner par les Parisiens le titre de victorieux à Charles VII.

Qui ignore combien de mesures de proscriptions les Etats de la Ligue ont prononcé contre Henri IV? A quoi tous ces actes d'irascibilité ont-ils abouti, quel a été le résultat de ces combinaisons tramées par des séditieux pour prolonger leur existence politique? Les Français, pour mettre fin à leurs maux, ont eu recours à la magnamité de Henri IV.

Sans chercher à prouver par des documens historiques tout ce que cette proposition a de vicieux, il faut le dire, elle a contre elle un témoignage qui la condamne et qui ne peut être récusé.

Que l'on se pénètre de cette lettre des commissaires envoyés près du roi; elle est adressée à son altesse royale le lieutenant général du royaume. Elle demeure une protestation constante et insurmontable contre cette mesure de bannissement attentoire au droit des gens, blessant la dignité royale, et outrageante envers la branche aînée des Bourbons. »

Monseigneur,

« C'est avec bonheur (est-il dit dans cette « lettre) que nous vous annonçons le succès « de notre mission, le roi se détermine à « partir avec toute sa famille. »

Eh quoi, des commissaires, des hommes revêtus d'un caractère qui les autorise à se montrer les interprètes de l'opinion générale, déclarent que c'est avec bonheur qu'ils annoncent le succès de leur mission; ils font connaître qu'ils rapporteront avec exactitude tous les incidens de ce voyage, ils prononcent le souhait, « qu'il puisse se terminer heureusement, » et le résultat de ce voyage pourrait être le bannissement d'un roi qui s'est déterminé à supporter le malheur pour éviter des maux trop réels à son pays, des maux qui nécessairement auraient dû naître, si pour toute réponse à ces commissaires, le monarque eût donné l'ordre d'une marche de guerre.

« Toutes les troupes sont dirigées sur
« Epernon, et demain matin on déterminera
« quelles seront celles qui suivront défini-
« tivement le roi. »

Tel est en substance le contenu de cette pièce qui ne peut être déclarée lettre confidentielle, puisqu'elle a été insérée dans le Moniteur, partie officielle.

Qui oserait, sans éprouver la crainte d'être démenti par sa propre conscience, soutenir que dans cette circonstance, le roi ne soit pas resté le maître de tout déterminer. D'après les succès obtenus et énoncés par MM. les commissaires, qui voudrait douter que le sentiment de ses devoirs, a seul déterminé cette garde fidèle à cesser d'entourer son roi, à se montrer silencieusement soumise à la rigueur des événemens.

Au nombre des commissaires était M. le

comte Maisons, maréchal de France; son concours aux opérations suivies dans ces circonstances demeurent une preuve que le roi seul a tout réglé, tout décidé.

Le départ du roi a été résolu le trois au soir, et d'après la lettre, il paraîtrait que les commissaires ignoraient alors qu'un titre portant abdication eût été donné; s'il en eût été autrement, ils auraient nécessairement fait mention du duc de Bordeaux.

Nous croyons devoir ne pas pousser plus loin ces raisonnemens. Sans doute chacun est assez porté à réfléchir sur la nature de la proposition du bannissement, et sur les discours prononcés à ce sujet par d'honorables députés.

M. de Châteaubriand établit en fait que la France n'a pas agi seule dans le bannissement de la famille de Bonaparte. Mais ce n'a pas été contre les membres isolés de cette famille que la mesure a été prise, mais bien réellement contre les usurpateurs du trône d'Espagne, de celui de Westphalie, et de la Hollande, qui avaient tous des novateurs pour partisans, et qui s'agitaient pour replonger l'Europe dans les dangers d'un bouleversement nouveau.

Il est des faits qui suffisent pour justifier les Bourbons des mesures dirigées contre la famille de Bonaparte. Lorsqu'en 1814 Louis XVIII arriva à Paris, son premier soin fut d'envoyer son capitaine des gardes à l'impératrice Joséphine, à Ruel, pour l'assurer qu'elle pouvait demeurer avec toute confiance dans la retraite qu'elle s'était choisie. Peu d'années après les événemens de 1815, madame la comtesse de St-Leu est venue à Paris, elle y est restée assez long-temps, elle n'y a pas même été l'objet d'une surveillance de précaution.

Il serait à désirer que chacun se montrât pénétré de cet esprit de modération dont les Bourbons ont donné dans toutes circonstances tant de frappans exemples.

On ne peut comparer le voyage de Charles X à la résolution de Jacques II de quitter l'Angleterre. Ce prince ne passa en France que plusieurs mois après l'attaque dirigée contre son trône par un prince à la tête d'une armée, et qui avait fait connaître ses intentions à force ouverte. Charles X pouvant tout, n'a rien voulu entreprendre. Sa majesté a demeurée douze jours pour effectuer un voyage de 50 lieues, et sur toute la route le monarque a été l'objet des marques du respect et de la vénération de ses peuples.

CONCLUSION.

Je me livre à l'espoir que la pensée dominante de cet écrit sera saisie par le lecteur sans prévention. Assurément le dessein qui l'a fait entreprendre n'a pu être de chercher à provoquer des événemens susceptibles d'aggraver la situation déjà si fâcheuse de la France.

Ayant marché dans la vie à travers les orages de la première révolution ; depuis, ayant été dans le cas d'observer en silence toutes les causes diverses qui par leur concours ont nécessairement contribué à faire éclater celle actuelle, j'ai puisé dans les faits la possibilité d'un moyen propice pour procurer le calme si nécessaire à tous.

Il est une vérité que personne sans doute ne se refusera à reconnaître pour exacte. Par le mouvement actuel des opinions, on s'aperçoit que les hommes de tous les partis sont fatigués de leur situation, les plus ardens sont à bout de leurs moyens; ils ont fatigué la capitale, ils se sont aliéné les provinces. La faculté de la persuasion a échappé à ceux qui se sentaient forts de leur éloquence. Cette énergie de caractère qui en 89 fit entrer dans les rangs des révolutionnaires tant d'hommes capables, est remplacé par une fausse hardiesse de jactance qui frappe d'inertie même ceux qui veulent en faire parade. Il n'y a plus dans le corps social que l'habitude d'exister; la faculté morale, cette faculté si nécessaire pour entretenir le sentiment conservateur est éteinte. Pour chacun la journée est réellement sans veille, sans lendemain, car le souvenir est sans action, l'espérance sans pouvoir.

S'il est vrai qu'une situation heureuse raffermit l'âme, pourquoi ne pas saisir le moyen d'entrer dans cette situation; qui peut se refuser au besoin de respirer un air pur, lorsque la nature lui offre un beau jour?

La légitimité est l'ancre du salut public, pour tous Charles X doit être la légitimité. Pourquoi vouloir chercher à créer des droits, lorsqu'il en existe de réels? Que les Français rentrent dans cette heureuse habitude d'amour pour leurs rois, quel avantage la patrie n'en retirera-t-elle pas?

L'honneur fera taire les discussions, l'accord ramènera la confiance, l'intérêt particulier rassuré redeviendra le premier garant de la tranquillité publique.

Quel jour de gloire, quel spectacle d'enthousiasme procurerait à la France le retour volontaire et sans commotion de son roi : le retour d'un monarque, vieillard aussi bon que vénérable, rentrant dans sa capitale environné de sa famille, de cette famille auguste qui a autant de titres à l'affection des générations existantes, qu'elle a su se créer de droits à l'approbation de la postérité.

Ici se borne mes réflexions; en les soumettant à la publicité, je n'ai fait que céder à cette voix intérieure qui nous dit : fais ce que dois, advienne que pourra.

BIBLIOTHÈQUE ROYALE

FIN.

www.ingramcontent.com/pod-product-compliance
Ingram Content Group UK Ltd.
Pitfield, Milton Keynes, MK11 3LW, UK
UKHW031924260826
14628UKWH00003B/1404

9 782012 970175